LETTRE

DE

FÉLIX PYAT

A

M. Louis-Napoléon Bonaparte

PRIX : 20 CENTIMES.

Trois feuilles in-8°.

PARIS,

CHEZ BOUVET, LIBRAIRE,

Rue Chapon, 7.

1851

Imprimerie Veuve Carré, Impasse de la Grosse-Tête, 5.

LETTRE

DE

FÉLIX PYAT

A

M. LOUIS-NAPOLÉON-BONAPARTE.

Monsieur ,

Je vous appelle aussi monsieur, car vous êtes encore de ces nobles oreilles que blesse peut-être le mot de citoyen ; car, tout président de République que vous êtes, on dit que vous taillez du prince, en attendant mieux ; que vous rêvez, pardon ! que vos amis rêvent pour vous prolongation de pouvoir, consulat, empire, Olympe, l'éternité, et qu'ils vous conseillent pour cela le rappel de la loi du 31 mai. Que faire à l'Elysée, à moins qu'on ne rêve.

Mais si on rêve dans les palais, on pense en exil. Or, permettez-moi de substituer la réalité aux songes, de vous dire ma façon de penser, dans votre intérêt. Traqué par toutes les polices, n'ayant plus ni patrie, ni asile; chassé, grâce à vous, de cette Suisse même où vous aviez trouvé un refuge, errant sous de faux noms à l'étranger, dans des pays perdus, où, comme Ovide, c'est moi qui suis le barbare, je voudrais, je vous jure, vous épargner pour l'avenir les agréments d'une telle vie. Je vous écris donc sur une table d'auberge, de ma soixantième chambre depuis le 13 juin, depuis le jour où. . . . .

. . . . :

et tant qu'on ne m'aura pas interdit, à cause de ce crime, l'encre et le papier, comme on m'a interdit le feu et l'eau du continent, partout où je trouverai un tronçon de plume et un coin de terre, pour m'asseoir et griffonner sur mes genoux, s'il le faut, je vous répéterai, comme à Midas, encore et toujours et à bonne intention : Monsieur, vous avez des oreilles de prince, trop hautes pour que la vérité puisse monter jusqu'à elles du fond de son puits. Je suis à votre service, au service des princes, le porte-voix et l'écho de la vérité.

Oui, c'est mon devoir et mon droit, en toute chose utile du moins. Je vais donc, s'il vous plaît, vous faire entendre la vérité, avec la permission de M. Suin. Oh! soyez tranquille, je parlerai de manière à ne crisper les nerfs d'aucun procureur : car je dois la vérité à bien d'autres que vous. À la veille d'événements graves pour tout le monde, je dois la dire à vous d'abord et aux autres ensuite ; je dois dire à tous ce que vous ignorez et ce que plusieurs ignorent comme vous : pourquoi vous avez été président et pourquoi vous ne le serez plus.

Je passe vite sur la question de principe, qui est jugée. Si nous avons eu un président, ce n'est pas ma faute ; et j'ai à cette heure l'amère satisfaction du : *Je l'avais bien dit.* Mais à quelque chose malheur est bon. Le monde arrive au vrai par l'expérience du faux : et l'expérience est faite ; et elle prouve bien ce que j'affirmais à la tribune de la Constituante, le 5 septembre 1848 ; que la présidence, cette invention d'Amérique, était impossible en France ; que dans une république unitaire, avec une base électorale si large et des attributions si hautes, avec une importance et une proportion si grandes, c'était une vraie royauté élective, grosse d'ambition, de périls et d'alarmes à chaque renouvellement ; plus forte même que la royauté héréditaire, puisqu'elle était consentie ; qu'indépendante et rivale de l'Assemblée, elle recommencerait à coup sûr, et avec plus de chance puisqu'elle était élue comme eux, le duel des royautés contre les parlements ; qu'en bonne règle le pouvoir exécutif, les mots disent les choses, ne devait être que l'agent, le bras du législatif ; que le bras doit être soumis à la tête ; que les corps à deux têtes sont des monstres, et que les monstres ne vivent pas. Cela fit beaucoup rire dans le temps, je m'en souviens, M. Tocqueville et les autres américains. Ils n'ont plus si envie de rire aujourd'hui, à ce qu'il paraît. Mieux vaut tard que jamais. Bref, nous avons eu la présidence pour l'amour de l'Amérique et par peur de la Convention, Dieu me pardonne! et parce qu'il fallait, en somme, prouver l'absurdité de la présidence.

Vous avez été président, vous monsieur, parce que vous êtes le neveu de votre oncle.

Voilà qui n'est pas sorcier, direz-vous; tout le monde sait cela; et ce n'est pas la peine d'écrire de si loin de pareilles naïvetés.

Oui, mais ce qui est plus sorcier, c'est pourquoi le neveu d'un empereur est devenu le président d'une république. Là commence la malice, la difficulté, la diversité d'opinion. Là est votre erreur à vous et à beaucoup de vos électeurs. Mon Dieu oui, vous vous êtes trompé, je vous en demande bien pardon, mais j'en suis sûr et vous allez le voir. Je m'engage d'avance à vous le prouver pour que vous y regardiez de plus près.

Certes, avant votre élection, vous étiez, j'aime à le croire, sincèrement républicain; vous étiez, comme on dit, rallié à la République. Je crois toujours à la parole des gens jusqu'à preuve contraire. Un homme d'honneur ne signe pas la lettre d'adhésion que vous avez écrite au gouver-

nement provisoire, quand il n'en pense pas le premier et le dernier mot. On a beau m'objecter vos précédents, vos deux rébellions contre Louis-Philippe, alors que vous éleviez des aigles pour remplacer les coqs, et que vous brossiez le tricorne pour remplacer le chapeau gris. . . . .
. . . .
. . . . Je crois néanmoins et je dis que depuis la révolution de février jusqu'à votre élection, vous aviez renoncé à toutes ces folies, à ces péchés de jeunesse, comme vous les avez appelés vous-même dans votre Confession de Ham, à vos prétendus droits désormais inutiles. Avant la révolution, on le conçoit, vous pensiez que la France ayant un roi, autant valait que ce fût vous qu'un autre ; mieux valait même un Bonaparte issu de plusieurs millions de voix qu'un Bourbon *quoique*, nommé par 221. C'était un raisonnement aussi bon que possible de la part d'un prince ; mais, enfin, après Février, puisque la France ne voulait plus de roi, puisqu'elle proclamait le gouvernement républicain, alors, je le répète, vous vous étiez soumis franchement à la République ; vous aviez déposé toute prétention, toute ambition de royauté, là où il n'y en avait plus de possible pour personne ; vous ne demandiez enfin qu'à rentrer dans votre patrie, non plus en prince, mais en citoyen : le mot ne vous blessait pas alors ; non plus en prétendant au trône, mais en can-

didat à la représentation et à la présidence, tout au plus : n'est-ce pas cela?

Après le dix décembre, ce fut différent. A voir l'engouement de la France pour le grand nom que vous portez; à voir votre candidature voler de clocher en clocher avec l'essor même de l'aigle impérial, votre élection s'étendre d'un horizon à l'autre avec la promptitude invincible de la foudre, gagner les villes et les champs, universelle, inévitable comme une contagion, comme une sorte de maladie, de choléra national; devant cette unanimité prodigieuse d'opinions et de volontés confondues sur votre tête, vous avez pu être pris du même mal et vous tromper comme les autres. De plus modestes s'y seraient trompés aussi : voilà ce que c'est que de faire des présidents! Vous avez pu, vous avez dû même plus qu'un autre, vous étranger depuis longtemps au pays, vous élevé loin de la patrie, ne sachant plus ses idées, à peine sa langue, ne pouvant pas même prononcer en français le mot de république, avec votre exil de prince, votre éducation de Télémaque, vos souvenirs d'enfance, vos regrets du passé, votre bonheur présent, vous avez pu et dû vous méprendre sur les vrais sentiments du peuple. Je ne vous en fais pas un crime, notez bien, c'est un malheur, voilà tout.

Vous avez eu le vertige, vertige concevable, excusable, car il était général, et vous en étiez l'objet pour en être la victime ; vous avez expliqué votre succès immense, inouï, unique dans les fastes de l'histoire, par un retour d'idolâtrie, par un goût invétéré de royalisme, par un défaut de nature, un vice radical, un amour endémique et constitutionnel, une passion incurable de la France pour la monarchie d'abord, pour la monarchie dans votre famille en général et dans votre personne en particulier. La grandeur et la facilité du triomphe, l'ivresse de l'orgueil, la flatterie des intéressés, l'apparence des faits, tous les Bonaparte, y compris M. Murat et M. Clary, vos parents et vos alliés, vos aides-de-camp, vos précepteurs même, élus comme vous par le peuple, il y avait, certes, de quoi tourner la tête à de moins princes que vous ; il y avait de quoi conclure, comme vous avez fait, que la France était bonapartiste, qu'elle raffolait de vos personnes, que son vote était rétrograde, réactionnaire, qu'enfin votre élection était un acte monarchique, impérialiste, anti-révolutionnaire, anti-démocratique, tranchons le mot, anti-républicain. C'est là toute votre erreur, Monsieur, et votre erreur a fait votre faute et votre excuse. C'est pourquoi vous pouvez être pardonné, mais non prorogé ; c'est pourquoi vous ne serez plus président de la République. Vous ne serez plus président de la République, parce que vous n'avez pas su pourquoi vous l'avez été.

En effet, votre élection a été un acte révolutionnaire, démocratique et républicain au fond, ne vous en déplaise!

Paradoxe, direz-vous! Quoi! l'élection d'un Bonaparte, un fait républicain, démocratique, révolutionnaire?

Oui, Monsieur, je vais vous prouver que l'élection du prince Louis-Napoléon Bonaparte a été profondément démocratique; que le peuple, en le nommant, a obéi à une idée républicaine, à un sentiment révolutionnaire.

Voilà qui est de plus en plus sorcier!

Tenez, on dit que vous avez encadré, à titre d'honneur et d'enseignement le nombre des voix qui vous ont élu, et que vous avez placé à votre chevet ce chiffre magique comme pour mieux le méditer matin et soir. C'était là une bonne pensée, bien salutaire, qui vous eût fait éviter vos fautes, si vous aviez su plus tôt la vérité.

Regardons ensemble ce total merveilleux : 5,534,520 voix; deux millions de plus que votre oncle, plus de la moitié de la nation, tout ce que vous voudrez. Mais, maintenant, décomposons la somme, analysons les chiffres, examinons les voix.

Il y a d'abord les voix du peuple, n'est-ce pas? Quand je dis peuple, j'entends ici la multitude, celle que vous avez privé du vote ensuite, comme pour la punir d'avoir si mal voté. Il y a donc d'abord les voix du peuple, des ouvriers, des paysans, des *blousiers*, pour appeler les choses par leur nom. Ce sont les plus nombreuses, assurément; elles ont fait la masse, la majorité, en un mot; elles ont fait votre élection, et elles l'ont faite de bonne foi, sincèrement, sérieusement, sans arrière-pensée, comme tout ce que fait le peuple. Il y a les autres ensuite, les voix en habit, les voix comme il faut, les voix des amis de l'ordre, des anciens royalistes, du parti conservateur enfin, voix plus ou moins franches, qui n'ont été que l'à-compte, le surplus, le reste, en un mot, la minorité.

Le peuple, proprement dit, vous a donc élu. Pourquoi? Dans quel but? Que voulait-il? Qu'espérait-il? Nous y voilà.

Le peuple voulait la révolution. Le peuple n'est pas conservateur. Que diable voulez-vous qu'il conserve? Le peuple faisait, je le répète encore une fois, un acte révolutionnaire, démocratique, républicain pour le fond sinon pour la forme, car il tient plus aux choses qu'aux mots. Le peuple vous nommait en haine des 45 centimes, du chômage, de la misère, de l'état de siège et de la transportation. Le peuple, avec vous, accomplissait un 15 mai légal, un 23 juin électoral contre le régime de compression, contre la politique de la Constituante, contre cette république d'Amérique et d'Afrique, sorte de juste-milieu demi-bourgeois demi-troupier, qui avait tous les inconvéniens de

la royauté sans les avantages de la République.
Le peuple voulait changer le système et non le re-
nouveler. Il y avait de tout un peu dans son vote ;
il y avait pour l'insurgé de Strasbourg, pour l'auteur socialiste, mais surtout pour le neveu de l'empereur. Le peuple voulait surtout que le neveu
continuât l'oncle, c'est-à-dire la révolution. Ici,
entendons-nous bien, je vous prie. L'empire avait
hérité de la République, mais sous bénéfice d'in-
ventaire. Des trois grands principes de la Révolution française, Liberté, Egalité, Fraternité, il n'en
avait gardé qu'un seul, l'Egalité, qui lui suffit. Ces
principes sont si forts qu'un seul, à peu près appli-
qué, a fait l'empire. Jugez de ce que feraient les
trois. Donc, l'empire c'était une partie de la révolution ; c'était tant bien que mal l'égalité en pra-
tique, la hiérarchie selon les facultés ; oui, c'était
le principe d'égalité contre le principe d'hérédité,
l'idée de progression contre l'idée de conservation,
le droit personnel, individuel, contre le privilège
de race et de caste. L'empereur lui-même était un
parvenu. Chacun pouvait, à l'exemple du chef,
s'affirmer suivant sa valeur, atteindre à son grade
selon son mérite, avoir son rang suivant son droit.
Il y avait, dit le proverbe, un bâton de maréchal
dans la giberne de chaque soldat. L'empire répon-
dait ainsi plus ou moins au besoin de justice et
d'élévation des masses ; car le niveau montait au
lieu de descendre. Un lieutenant passé empereur ;

un clerc d'huissier, roi de Suède ; un palfrenier, roi de Naples ; vingt-quatre simples soldats, maréchaux d'empire en vertu de leur vaillance et non de leur naissance ; le peuple devenant souverain dans ses plus humbles enfans, voilà le mot de l'énigme, monsieur ; voilà le secret de la puissance impériale ; voilà ce qui a fait la force et la gloire de l'empire ; voilà ce qui fait encore son prestige aux yeux des masses, ce qui a fait votre élection ! Comprenez-vous maintenant que ce n'est pas là une élection de roi ou de constable. La preuve c'est que vos électeurs criaient : à bas les blancs ! Sous le régime blanc, sous le régime de l'ordre, sous la monarchie, le peuple, en dix siècles, n'avait compté que deux des siens devenus généraux, Fabert et Chevert ; sous l'empire, en dix ans, il ne comptait pas deux nobles devenus maréchaux. L'empire exaltant le peuple, bouleversant le vieux monde, déplaçant nobles et rois, mettant la France et l'Europe sens dessus-dessous pour introniser les plus braves, ce n'était donc pas tout-à-fait l'ordre, la conservation, la stabilité ; c'était tout le contraire ; c'était la révolution, la révolution personnifiée, couronnée, si vous voulez, mais enfin la révolution. L'empereur était un agent révolutionnaire, promu par le peuple et renversé par les amis de l'ordre. Le peuple en nommant le neveu de l'empereur voulait donc la révolution.

Voyons maintenant ce que voulaient les autres.

Le parti honnête et modéré n'était, je vous l'ai déjà dit, ni le plus nombreux, ni le mieux disposé. Ce parti, son nom l'indique assez, n'est pas enthousiaste de sa nature ; et quels étaient vos droits à son estime ? Moins que nuls. Tous vos mérites auprès des masses, votre origine, vos écrits et vos actes étaient vices à ses yeux. Le nom de Bonaparte, deux insurections, un livre communiste n'étaient pas des titres chez les conservateurs. Ils sont trop amis de la paix pour aimer l'héritier de l'Empire, trop amis de la propriété pour aimer l'auteur des *Idées napoléoniennes*, trop amis de l'ordre pour aimer l'insurgé de Strasbourg. Naturellement, vous n'étiez pas leur homme. La veille même de votre élection, ils composaient la majorité parlementaire du général Cavaignac et décidaient qu'il avait bien mérité de la patrie. Vous étiez, vous, pour le moins, un nouveau venu dans le camp ; vous n'aviez pas encore donné des gages contre vos fâcheux antécédens ; vous ne pouviez pas faire plus pour l'ordre que n'avait fait le général Cavaignac. Pourquoi donc vous ont-ils choisi ? dans quel but ? qu'ont-ils voulu ? qu'ont-ils fait ? Mon Dieu ! ils ont agi avec vous comme ils ont agi avec le général Cavaignac, le 24 juin ; avec le gouvernement provisoire, le 24 février ; comme ils agiront, toute leur vie, avec tous les gouvernements. Ils ont subi le fait d'abord, ils ont soumis leurs principes à leurs intérêts, leur honneur à leur égoïsme; ils ont flairé avec leur finesse ordinaire le pouvoir frais qui remplaçait l'ancien, et, chevaux de Darius, ils ont salué le soleil levant. Aussi souples que fins, ils se sont tournés comme toujours du côté le plus fort; ils ont voté avec le gros scrutin; ils vous ont élu malgré eux, contraints et forcés par la volonté de la masse, entraînés par le courant populaire, et dans l'intention de le dominer. Un parti n'abdique pas. Aussi perfides que souples, ils se sont approchés de vous pour mieux vous tenir; ils vous ont embrassé pour vous étouffer (ceci est du style César). Comptant sur vos sentimens personnels pour exagérer le principe monarchique de la présidence, regardant la présidence comme un sabot pour enrayer la République, le président comme un chapeau pour marquer la place du roi, ils ont voulu, eux, en nommant le neveu de l'empereur, le prince Louis-Napoléon Bonaparte, se servir du prince, exploiter sa naissance, relever ses espérances à leur profit, faire enfin du prétendant un pont, une planche à passer de la République à la régence et à la royauté; ils ont voulu la contre-révolution.

Maintenant, entre ces deux fractions de vos électeurs, entre la majorité révolutionnaire qui a fait votre élection de bonne volonté, et la minorité réactionnaire qui l'a subie pour l'exploiter, qu'avez-vous compris, préféré, représenté? Tout le monde, répondent vos discours. Soit, mais tout le monde suppose au moins le plus grand nombre. Qu'avez-vous fait pour le plus grand nombre, pour la multitude?

Dans le pêle-mêle de l'urne, vous n'avez pas vu la majorité; vous n'avez pas compté les bulletins du peuple, de l'égalité, de la démocratie, de la révolution; vous n'avez représenté que le petit nombre, les votes de l'oligarchie, de l'ordre, de la conservation, de la contre-révolution; il est dans votre sang et votre sort de toujours laisser le peuple à qui vous devez tout pour l'aristocratie, à qui vous devez exil et prison. Vous êtes-vous dit : le peuple est à moi quand même, attachons-nous les douteux? je ne sais! Toujours est-il, hypothèse à part, et chiffres en main, que vous avez préféré la minorité à la majorité, pris l'appoint pour la somme, l'accessoire pour le principal, l'accident pour l'absolu. Vous avez donné à la règle la couleur de l'exception; vous avez fait comme ce touriste anglais, qui, voyant une femme rousse à Blois, mit sur son carnet : « à Blois, toutes les femmes sont rousses. » Devant les bulletins royalistes, vous n'avez tenu compte que de l'élément conservateur; vous n'avez constaté qu'un vœu de monarchie, de stabilité; vous avez trouvé à votre élection un sens purement dynastique, et alors vos convictions toutes jeunes se sont ébranlées; votre républicanisme déjà te faible à fléchi : vous avez cru, de bonne foi, répondre à la voix de la nation en commençant votre système de persévérance ; et vous avez appelé à vous tous les royalistes de la veille, à l'exclusion des républicains de la veille et du lendemain, les royalistes de toute nuance, blancs et noirs, constitutionnels et absolus, tous les hommes d'état, de guerre et d'église, avocats, généraux et sacristains de l'ancien régime, tous les représentants du passé, et vous leur avez confié l'avenir. Vous avez donné la République aux entrepreneurs de réaction et de restauration, aux confectionneurs de famille, de religion et de propriété, aux bâcleurs de chartes, d'ordre public et d'autorité, qui remettent à neuf les vieux fers, les vieux dogmes, les vieux codes, qui tiennent chaînes, chapelets et gourdins, et tout ce qui concerne leur état : qui vont à l'extérieur comme à l'intérieur raccommoder les mitres cassées et les couronnes fendues, et qui refont les royautés et les papautés avec des morceaux de républiques. Vous avez livré le peuple qui avait voté pour vous, à ceux qui ne demandaient qu'à vous dépopulariser, qu'à vous déprécier dans l'esprit du peuple, les uns pour Orléans, les autres pour Bourbon, et qui ont fait les affaires de vos rivaux en semblant faire les vôtres, à moins qu'ils n'aient fait les nôtres, ce que je crois en vérité.

Faut-il vous les dénombrer tous ? Vous avez

eu d'abord, au nom de l'ordre public, un vieil avocat orléaniste, un royaliste constitutionnel, un royaliste malgré lui, faisant de la royauté comme M. Jourdain de la prose, Raton-Barrot, Raton majestueux et tricolore, tirant avec une solennité qui désarme les marrons du feu pour tous les Bertrands noirs et blancs.

Puis, au nom de la religion, vous avez eu les républicains malgré eux, les Falloux, les Montalembert et autres théocrates, vous donnant à croire qu'il fallait reconstruire les deux tours jumelles de l'édifice catholique, qu'à un empereur il fallait un pape, et, refaisant en définitive la sainte-ampoule pour Henri et un capuchon pour vous.

Puis, les royalistes quand même, les légitimistes avérés, les Berryer, les La Hitte hurlant avec les autres loups au nom de l'autorité, de la société, de la propriété, et vous poussant de réaction en réaction jusqu'à l'ingratitude, jusqu'au meurtre du vote universel, jusqu'au suicide; car frapper le vote, c'était vous tuer vous-même.

Enfin, sont venus les conseils détestables, les plus pernicieux, qu'il faut vous signaler plus longuement parce que vous ne semblez pas vous en défier comme des autres; oui, les tripoteurs à la suite, les habiles, les roués, les hâbleurs, race sceptique, parasite et vénale, qui n'ont pas même la peine de fausser avec vous la foi qui leur manque; conseillers sans doctrine, ni morale, ni parti, n'ayant d'autres principes que de n'en pas avoir; industriels littéraires, aventuriers politiques, casse-cous de tous les régimes, transfuges de tous les camps, sorte de *condottieri* modernes, reconnaissant qui est, servant qui paie, croyant ce qu'ils touchent, soutenant ce qu'ils exploitent; gens corrompus et repus, agréables d'ailleurs, grand air, grosse panse, belle mine et bonne humeur, sinon bonne conscience, mettant l'honneur dans le succès, l'esprit dans le profit et le cœur dans le ventre; gais compères et bons convives, paraissant ne tenir à rien et ne prenant rien au sérieux que leur gain, cachant leur convoitise et leur calcul sous un semblant d'indifférence et de désintéressement; mais ayant le désintéressement replet, l'indifférence bouffie, je ne sais quel sang mêlé du viveur et du faiseur, du libertin et du charlatan, l'appétit de Falstaff et l'avarice de Purgon. J'insiste tant sur ceux-là, parce qu'ils ont l'air de vous servir, de vous soutenir, oui, comme les rats soutiennent le navire qu'ils rongent et qu'ils quittent quand il sombre : gens d'opinion à teinte généralement blanche, parce que l'argent est blanc, positifs avant tout, ennemis nés du droit comme de la viande creuse, grands amis du fait matériel et solide, qui ont horreur de la politique à jeûn, n'aiment que les causes truffées et vident de front les questions et

• lés bouteilles ; gens de moyens et de ressources qui ont mis la main à toutes sortes de pâtes, brassé toutes sortes d'affaires, revues, journaux, théâtres ; qui croient qu'on fait une révolution comme on fait fortune, qu'on allonge les habits de président comme on raccourcit des jupes d'opéra, et qui vous feront l'empire selon la formule, et par actions !

Prenez garde ! ces conseillers-là poussent toujours du côté où l'on penche, c'est-à-dire où l'on tombe ; ces amis répéteront avec vous que la France est monarchique, impérialiste ; qu'elle ne peut se passer d'un homme ; qu'il lui faut absolument un Bonaparte ; qu'elle a un besoin spécial de Louis-Napoléon ; qu'elle a décidément un faible, une folie, une rage pour vous ; qu'elle ne peut vivre sans vous ; qu'elle mourra sans vous ; que l'élection du 10 décembre ne signifie qu'une chose ! l'Empereur ; que vous êtes du sang des Jules, de la race des dieux ; que vous êtes l'amour et l'honneur, le besoin et le salut de la France, le père de la patrie, l'incarnation, la représentation du peuple ; que vous êtes le peuple même en chair et en os et en panaché ; qu'il faut recommencer l'Empire, que dis-je ? l'ère des Césars ; qu'il faut vous mettre tout vif aux Tuileries et mort au Panthéon, si tant est que vous puissiez mourir ! Oui, tous ces charlatans, ces rhéteurs, ces docteurs, ces débitants de drogues et de so-

phismes, ces marchands d'orviétan et d'expé-
dients, ces vendeurs de solutions et de dissolu-
tions, ces inventeurs de pâtes pectorales et politiques, ces faiseurs de passe et de passe-passes,
ces endormeurs de peuples et de princes, ces ver-
seurs d'opium à haute dose et à tant la ligne,
entendez-les, ils annoncent, ils promettent au
peuple, en votre nom, le pain et le cirque et le
beurre avec, que dis-je? l'âge d'or, le nouveau
monde, un autre soleil; ils entonnent, ils vantent
à grands sons de caisse et de trompette la présidence à vie, ses propriétés infinies et ses vertus
incomparables; ils offrent à tous les enrhumés
de la monarchie leur jus de réglisse impérial; ils
vous font passer à l'état de panacée; sauf votre
respect, ils vous appellent remède universel et
vous traitent comme un onguent de leur invention. Il y avait aussi du temps des Césars une
certaine Locuste, une fameuse pharmacienne,
grande amie de l'ordre naturellement, qui ven-
dait des pilules politiques et des solutions pectorales, brevetées par Néron. Les Locustes d'aujourd'hui travaillent plus en grand. Ils font
l'empoisonnement public et quotidien à plusieurs
mille exemplaires et à grand format, mais, je me
plais à le dire, sans garantie du gouvernement.
Je vous les dénonce donc comme vos plus dange-
reux ennemis. Prenez, prenez bien garde! ces gens-
là vous séparent du reste de la nation, de votre

époque même, comme les autres vous ont séparé
du peuple ; ils feraient du *chef de l'État,* un chef
de parti, un conspirateur, un rebelle. Experts à
colorer, à frelater, à sophistiquer les mots et les
choses, prêts à refaire sans scrupule le gâchis de
la pièce de cent sous impériale, l'adultère de la
République et de l'empereur, inspirant, suggé-
rant le mal sous les apparences du bien, le vice
sous le nom de vertu, ils trouvent toujours de
bonnes raisons pour de mauvaises actions, toutes
sortes d'excuses pour toutes sortes de fautes ; ils
appellent persévérance ce qui n'est qu'ambition,
dévouement, ce qui serait usurpation ; ils vous
remettront sur les yeux le bandeau consulaire
de 1802 ; ils vous souffleront ce que disait votre
oncle pour le consulat à vie : « Si vous jugez que
je dois au peuple un nouveau sacrifice, je le ferai, » et ils changeront votre erreur en crime !
Vous êtes averti.

Je vous ai dit pourquoi vous avez été élu ; il me
reste à vous dire pourquoi vous ne le serez plus.

Vous ne serez pas élu, d'abord parce que la loi
ne le veut pas, article 45 de la Constitution. Bon,
voilà que je retombe dans mes naïvetés.

Si ce n'est que la loi, dit le *Constitutionnel.*

C'est bien quelque chose ; mais enfin parce que
le peuple ne le veut plus : ça, c'est une raison.

Le peuple ne le veut plus, parce qu'en vous
trompant vous l'avez trompé ; parce que vous

n'avez pas représenté ce qu'il voulait, la révolution ; parce qu'à l'intérieur comme à l'extérieur, vous avez continué la politique de compression qu'il avait condamnée par vous ; que dis-je? parce que vous l'avez aggravée. Pour ne prendre que l'essence, la purée de votre système, pour ne citer que deux faits principaux qui le résument tout entier, voyons la guerre de Rome et la loi du 31 mai : à l'extérieur, avant vous, on n'avait fait que demander trois mille hommes pour recueillir le pape, et vous en avez demandé trente mille pour le restaurer ; à l'intérieur, on n'avait fait que fermer les clubs, suspendre la presse, mettre Paris en état de siège ; vous y avez mis neuf départements et vous avez enfin couronné l'œuvre en tuant le vote universel, — que vous voulez, dit-on, ressusciter maintenant? La main sur la conscience, la majorité de vos électeurs, la multitude du Dix-Décembre, le peuple enfin, vous aurait-il donné ses voix si vous lui eussiez dit la veille : « Je vous préviens que dès que vous m'aurez nommé, vous ne pourrez plus nommer personne? » Évidemment non. Le jour ne se prouve pas. Le suicide n'est pas plus dans la nature des masses que des individus. Le peuple ne voulait pas plus de la guerre de Rome à l'intérieur qu'à l'extérieur. Le peuple ne voulait pas de cette politique rétrograde dont le dernier mot a été la perte de son droit en France comme à Rome. Vous le comprenez bien vous-même à présent. Vous avez dit à Dijon que vous n'aviez pu faire que de la compression jusqu'ici, et vous en renvoyez les agents aujourd'hui. Vos partisans le reconnaissent de même; car un docteur, pour qui vous n'avez rien de caché sans doute, s'en va le disant tout haut chaque matin dans sa feuille, demandant tout net le rappel de la loi du 31 mai, par peur de M. de Joinville et pour refaire votre popularité, prêchant en outre pour votre compte l'abolition des impôts, des octrois, monts et merveilles, toutes les améliorations possibles démocratiques et sociales, toutes les *grandes choses* déjà promises et que vous n'avez pas faites. Certes, nous ne demanderions pas mieux que vous fissiez enfin le bonheur du peuple; nous n'en voulons pas le monopole; nous serions charmés de la concurrence; nous acceptons le bien de quelque part qu'il vienne. Malheureusement, c'est impossible, c'est trop tard !

C'est impossible : avec vos amis de la réaction, vous trouveriez les mêmes obstacles demain qu'hier, et vous les trouveriez grossis, grâce à vous! De votre aveu même, vous n'avez pu faire le bien que vous vouliez, avec une force de six millions de voix, quand vous étiez tout neuf et tout frais sorti de l'urne; jugez donc maintenant! C'est trop tard : les promesses aujourd'hui sentent le programme, le prospectus, la réclame;

elles font injure au bon sens populaire ; il n'y a
pas un gamin électoral qui ne puisse y répondre
ce terrible mot : Connu! Tout électeur de sens
vous dira, pardon! dira au *Constitutionnel* : Que
demandez-vous, brave homme? la présidence?
On vous a déjà donné ; on ne peut plus vous bien
faire. La première fois vous nous avez enlevé la
moitié de notre droit ; la seconde fois, vous nous
l'ôteriez tout entier. Nous n'avons plus confiance
en vous ; vous soufflez le chaud et le froid. Comment ce qui est le droit pour vous cette année ne
l'était-il pas l'an passé? N'y a-t-il donc de droit
électoral, de souveraineté du peuple qu'au gré de
votre caprice et de votre intérêt? Et l'impôt des
boissons que vous voulez abolir, ne l'avez-vous
pas rétabli? Vous ne savez donc pas ce que vous
voulez, ou vous le savez trop. Vous ne nous y
reprendrez plus; Dieu vous bénisse!

Si la présidence est impossible, *à fortiori* l'empire. L'empire est impossible pour les mêmes
raisons et pour plusieurs autres encore. D'abord,
à cause de Soulouque. Comment, Soulouque?
Hélas! oui, Soulouque a pris les devants. On ne
peut plus raisonnablement venir après Soulouque. Soulouque a fait tort à tous les empereurs
futurs. Soulouque a sauvé toutes les républiques.
Vive Souloque et son auguste famille! Entre nous,
je soupçonne fort Soulouque d'être un rouge,
tout noir qu'il est, un socialiste déguisé qui a

voulu rendre impossible tous les prétendants
après lui. Si j'eusse été M. Carlier, j'aurais fait
empoigner Soulouque comme un vrai républicain
à sa première velléité d'empire; car enfin, je le
répète, tout est dit à l'heure qu'il est, on ne pourrait plus venir qu'après Soulouque : c'est lui qui
le premier a copié l'empereur; on ne pourrait
plus copier l'empereur qu'en second : on copierait
Soulouque. On ne serait plus Napoléon II; on
serait Soulouque II : c'est affreux.

Mais, s'il vous faut d'autres raisons que le ridi-
cule, qui du reste suffit en France, l'empire est
encore impossible, parce que vous revenez de Sa-
tory et non de Marengo; parce que pour prendre
à la lettre le mot de Mirabeau, pour chasser une
Assemblée nationale par la force des baïonnettes,
il faut revenir d'Egypte et non de Versailles; parce
qu'il ne pousse pas de lauriers dans Seine-et-Oise
comme en Italie, tout au plus du laurier-sauce;
parce qu'on peut étouffer la liberté dans un dra-
peau et non dans une serviette. Dieu merci! le soldat
français ne vend pas son droit pour un plat de len-
tilles comme le fils de Jacob; il ne vit pas que de
biffstecks comme l'armée anglaise; on ne le mène
pas où l'on veut avec la marmite des Janissaires
ou le donatif des prétoriens. Rappelez-vous ce no-
ble refrain de 93 : « Que faut-il aux républicains?
Du cœur, du fer et puis du pain! » C'est avec cela
que les héroïques pieds-nus de la République fran-

çaise passaient les Alpes, allaient fonder la République romaine, venger l'assassinat de Duphot et l'insulte faite à notre ambassadeur, votre oncle Joseph, par un Pie d'un autre numéro. Enfin, pour faire l'empire, il faut des combats et des héros. Charlemagne avait ses pairs, Napoléon des ducs. Empereur, où seraient vos ducs et pairs? Quels titres avez-vous à donner? Quels vainqueurs à récompenser? Quelles victoires serviraient de marraines au baptême de vos généraux? Je ne connais que la campagne de Rome à l'intérieur comme à l'extérieur. Je ne vois que des conquêtes sur les libertés publiques, presse, réunion, élection. Ainsi, vous auriez à nous offrir le duc de Saint-Pancrace, le prince du Conservatoire, le maréchal Tranche-Montagne; et dans le civil, l'Attila des hannetons et des socialistes, M. Romieu, comte du Champagne et du Lampion; M. Véron, baron de la Belle-Humeur, ce qui serait plus Soulouque que jamais, avec ses ducs de Marmelade et ses princes de Trou-Bonbon!

Mais fussiez-vous le vainqueur de Marengo, d'Arcole et de Lodi; fussiez-vous le héros des Pyramides, d'Alexandrie et d'Aboukir; eussiez-vous, avec M. de Cassagnac, gagné les batailles d'Austerlitz, de Wagram et d'Iéna; eussiez-vous fait toutes les campagnes de la République et de l'Empire; fussiez-vous l'oncle lui-même en personne, au lieu d'être le neveu; fussiez-vous même autant au-dessus de lui que vous êtes au-dessous, sans vous offenser, je vous dirais encore qu'à présent l'empire est impossible. Car, après tout, l'empire même du véritable empereur était un régime monstrueux, inhumain, intolérable. On a dit que c'était Robespierre à cheval, la terreur au dehors ; oui, mais la terreur égoïste et Robespierre personnel. C'était le droit brutal de la force, le règne du sabre, la raison du canon. Le canon de l'empire a fait plus peur de la France que l'échafaud de la République. C'était la tyrannie au dehors et au dedans ; c'était l'Europe opprimée par la France et la France opprimée par un homme ; c'était l'exploitation des peuples au profit d'un homme, d'une famille, d'un peuple, si vous voulez. Mais, pour distribuer des royaumes, des duchés, des fiefs de toute main, il fallait avoir l'Europe à tailler en pièces, si bien qu'un beau jour l'Europe toute entière, l'Espagne en tête, et la ruse des rois aidant, se souleva en masse au cri de la liberté, envahit la France avec nos propres idées, nos propres droits, nos propres chants, avec *la Marseillaise* traduite en espagnol, en russe, en allemand. L'empereur alors, et ses vieux soldats, et ses grands généraux, et tout son génie, ne purent repousser l'invasion dont la République avait triomphé avec ses conscrits. L'armée impériale, habituée à la discipline, l'armée de la Loire, se dispersa au commandement de : Rompez les rangs ! et la France, lassée, trahie, saignée, ruinée, humiliée, occupée et démoralisée, laissa partir l'empire et l'empereur pour Sainte-Hélène. L'empire est impossible parce que c'est la dictature d'abord, et l'invasion ensuite. L'invasion a puni, confondu et condamné à jamais l'empire : elle le punirait encore, parce qu'il violait partout le droit humain, la souveraineté du peuple, chez nous et chez les autres ; parce qu'on ne peut pas appliquer qu'un seul des trois principes de la révolution, ni qu'au profit d'un seul peuple. Il ne peut plus y avoir en France, ni ailleurs, d'égalité sans liberté ; il ne peut plus y avoir des peuples conquis, opprimés, exploités ; de peuples inférieurs et de peuples supérieurs ; de peuples esclaves et peuples maîtres ; de peuples vaincus et de peuples vainqueurs. Grâce à la République, qui fut envahie, elle aussi, mais qui repoussa l'invasion, par ce qu'elle avait le droit pour elle ; grâce à ces trois principes : Liberté, Égalité, Fraternité, tous les peuples sont souverains au même titre ; tous les peuples ont le même droit tout entier ; tous les peuples sont libres, égaux et frères, car les trois principes doivent régir les nations comme les individus, les peuples comme les citoyens. Les peuples ne peuvent plus être que les concitoyens de la République universelle. L'empire est impossible.

Quant à l'ère des Césars, c'est la dernière charge d'un farceur devenu triste avec l'âge : on ne gagne pas à vieillir. Si vous l'avez prise au sérieux, discutons-la. L'ère des Césars est encore plus impossible que l'Empire; car l'ère des Césars, c'est l'Empire, moins Napoléon, c'est l'Empire avec la chance de trouver pour un Auguste dix Tibères, avec la certitude de passer par les Caligula, les Héliogabale, et de finir par les Césarions et les Olibrius; de descendre ainsi tous les échelons du mal depuis l'extrême odieux jusqu'à l'extrême honteux. L'ère des Césars! Mais savez-vous ce qu'on vous propose? C'est sur vingt-six empereurs, depuis Jules jusqu'à Maxime, seize tyrans massacrés et dignes de l'être, ceux surtout qui avaient hérité de l'empire; c'est Rome incendiée, la Province teinte de sang, la mer couverte d'exilés, l'univers esclave, les pays vaincus, l'Egypte, l'Afrique, la Sicile, l'Espagne et la Gaule suant et saignant pour nourrir à rien faire, dans la ville, des milliers de coquins dont le ventre criait : Vive César! c'est le peuple mendiant les sportules; le pouvoir à l'encan; la patrie en proie à des légions avides et lâches qui ne savaient plus la défendre, mais la vendre; c'est la délation et la corruption en honneur, le meurtre et la débauche triomphants, l'orgueil et l'égoïsme humains poussés jusqu'à l'apothéose, ayant le Panthéon pour temple, le trône pour autel et le monde pour victime; c'est le règne des affranchis, des eunuques, des courtisanes, des histrions, des sycophantes et des apothicaires ; c'est le despotisme tempéré par les champignons ; l'encens de Claude, la table de Trimalcion et le tombereau de Messaline ; c'est le Capitole bâti sur des ossements humains, le palais sur les ergastules, le lupanar dans le palais ; c'est l'enfant de la louve plus cruel que sa mère, la mordant au ventre et la tuant ; c'est l'inceste et le parricide ; c'est Néron ! Oui, le feu, le fer et le poison, Locuste et Narcisse, Agrippine et Poppée et Néron, voilà l'idéal de l'ère des Césars, le dernier mot du paganisme romain, tout ce qu'il y a de crime et de vice, de sang et de boue, d'horreur et de honte dans l'homme changé en bête par le pouvoir absolu.

Non, la France, qui ne veut pas rétrograder jusqu'à l'empire de Bonaparte, ne reculera pas par-delà jusqu'à l'ère des Césars, jusqu'à l'empire de Néron. Non, il n'est au pouvoir de personne, si déchus, si dégradés que nous sommes, de nous faire tomber jusqu'au fond du matérialisme antique, au-dessous même de la bestialité. Ce serait condamner l'humanité à une seconde chûte, à une troisième invasion de cosaques, qui serait sans doute la dernière ; car l'Europe doit être républicaine ou cosaque ; car l'ère des Césars, c'est encore et toujours l'invasion. L'empire des Césars a fini comme l'empire de Bonaparte, par les barbares. Ce régime abominable qui s'appelle empire, français ou romain, et qui consiste à faire peser un peuple sur tous les autres et un homme sur tous, finira toujours de la même façon, par l'exécration et le soulèvement du genre humain. Au même mal le même remède. Le monde entier, barbare ou civilisé, proteste de même, par la force contre la force. Le monde se souleva contre Rome, comme l'Europe s'est soulevée contre la France, et à deux mille ans de distance, les deux empires ont fini par deux invasions. L'ère des Césars est impossible.

Qu'y a-t-il donc de possible après tout cela, après Néron et Soulouque? Je vais vous le dire aussi! encore un peu de patience.

Ce qui est possible c'est ce qui est raisonnable, honnête, légal et sûr, c'est votre retraite du pouvoir en 1852.

Mais vos ennemis disent qu'il en est des princes comme des tortues ; qu'on a beau prendre ces bêtes peu progressistes (je parle des tortues) toutes jeunes, et à l'âge où elles ont le moins d'habitude et d'entêtement ; qu'on a beau les emmener loin de la rive natale, leur faire faire mille et mille détours ; dès qu'on les lâche, elles retournent à l'eau : que de même, les révolutions ont beau éloigner les princes du trône, les enfermer dans une République avec une Constitution, avec toutes sortes de lois et de serments ; la révolution, la République, la Constitution, les serments, les lois, les avis même, pas plus que la prison et l'exil, ni le bien, ni le mal, rien ne les fait dévier de leur tendance naturelle. Dès qu'ils le peuvent, ils retournent au trône comme les tortues à l'eau.

Vos ennemis disent encore..., que ne disent pas les ennemis? Et vous en avez..., qui n'en a pas? Vos ennemis disent encore, et le *Constitutionnel*, votre ami, donne à croire que vous ne pouvez pas faire autrement qu'un coup de tête?

Pure calomnie, dont je ne veux pas croire un mot et dont je ne parle ici que pour la combattre, pour la démentir, pour réfuter les méchants et rassurer les bons. Le jury de la Seine a bien fait de condamner à une amende sterling ce mauvais *Siècle* qui a édité cette vilenie, qui a osé dire que vous ne pouviez faire autrement qu'un coup d'état, comme si vos embarras l'exigeaient plus que ceux de la France.

. . . .

. . . .

. . . .

Et vos trente millions de créances sur nous donc! Je proteste contre le *Siècle* et j'applaudis à sa condamnation.

Ils disent de plus, les imposteurs, que vous avez la qualité des hommes de génie et des mules, l'obstination; que Boulogne et Strasbourg attendent leur troisième acte; que vos partisans vous poussent à ce dénouement; que les femmes, les princesses même s'en mêlent et vous crient : osez!

comme à Robespierre la veille du 9 thermidor.
Certes, il est fort agréable de s'entendre encou-
rager par les femmes en général et les princesses en particulier ; mais il faut savoir résister
même aux dames. Vous savez, en bon catholique,
ce qu'il en a coûté à Adam pour avoir cédé à Ève.
Je ne sais pas, pour mon compte, quel droit les
princesses reconnaissent à l'audace ; mais ce que
je sais, c'est que la liberté est une fille du peuple
et que ne l'a pas qui veut.

Ce que je sais bien, c'est qu'il n'est plus temps
d'oser, ni même de proposer, c'est que les révolutions n'ont qu'une heure, comme disait Gran-
geneuve ; que l'occasion est chauve par derrière,
qu'elle n'a de cheveux que par devant, et qu'une
fois passée on ne peut plus la saisir ; ce que je
sais bien, c'est qu'à cette heure votre soleil se
couche et perd sa force, que l'ombre vous gagne,
et que vous ne trouveriez pas un gendarme sérieux qui voulût se compromettre pour vous contre la loi ; que de l'aveu même de M. Baraguey, le
démissionnaire, il n'aurait pas eu quatre hommes
et un caporal pour attaquer la Constitution. Ce
que je sais bien, c'est que la République n'a
jamais été plus solide ; c'est que le bourgeois
s'éclaire et voit que l'anarchie qui continue de
plus belle ne venait pas absolument des rouges,
car ils sont en exil ou en prison ; des clubs, car
ils sont fermés ; des banquets, car il n'y en a plus

que pour vous ; du vote universel, car il n'existe plus ; mais que l'anarchie vient aussi bien d'en haut, des prétentions des princes et des intrigues des grands.

Ce que je sais, c'est que tout le monde, à cette heure, veut la République, même M. de Tocqueville et la majorité. Spectacle plein d'enseignement, n'est-ce pas, que cette république jadis si susceptible et si fière, aujourd'hui si insultée pour la peine, attaquée à l'envi par tous les partis, et qui pourtant se fortifie et se maintient par leurs attaques mêmes, qui vit et vivra, parce que, réunis pour la tuer, ils se divisent pour lui succéder ; parce que chacun des trois partis la préfère aux deux autres ; parce qu'elle en a toujours deux pour elle contre le troisième ; parce qu'outre le droit, elle a contre eux tous leur propre intérêt, leur ambition, leur orgueil, leur égoïsme ; parce que les poisons se neutralisent !

Ce que je sais bien, c'est que le peuple veut la République encore plus que tout le monde ; c'est que si vous aviez le malheur de persister, si, ce qu'à Dieu ne plaise, ce que je ne croirai jamais, surtout après cette lettre d'ami, les conseils détestables ou charmans prévalaient, si, par impossible, Boulogne et Strasbourg avaient un troisième acte ; ce troisième acte réussirait comme les deux premiers ; il aurait la chûte de ces mélodrames absurdes où traîtres, niais et tyrans tombent au milieu des sifflets. Ce serait cette fois la révolution de la folie. Ce que je sais bien, enfin, c'est que le peuple répond aux coups d'état par des coups de balai ; que ce peuple qui s'est révolté deux fois de notre temps, la première parce qu'il a plu à Charles X de doubler le cens des bourgeois, la seconde parce que M. Barrot a eu envie de dîner en public avec son ami Duvergier, ce peuple se soulèverait à plus forte raison pour défendre son droit. Et s'il a atteint et puni les inviolables, même en dépit des chartes, s'il a renvoyé Charles X en carrosse, Louis-Philippe en fiacre ; je ne sais plus dans quelle charrette il vous renverrait, vous responsable de par la loi, vous qui ne lui avez pas été imposé comme les deux autres, vous qu'il a choisi pour garder la République, qui avez prêté serment à la Constitution, qui auriez abusé de sa confiance, trompé son amour, et trahi votre foi ? L'histoire dirait : Sainte-Hélène, Holyrood, Claremont et Bedlam !

Ne courez pas ce risque-là, non par peur, un Bonaparte ne connaît pas ce sentiment ; mais par courage et par honneur. L'honneur n'est pas dans les honneurs ; le courage consiste plus souvent à s'abstenir qu'à empiéter. S'il est beau de persévérer, c'est dans le devoir. Les hommes de génie sont obstinés, soit, mais au bien. Horace a dit : *Justum ac tenacem.* Pardon du latin, c'est encore le meilleur de l'ère des Césars. Vous êtes plus qu'averti. *Errare humanum est, perseverare diabolicum.* L'erreur est humaine, la *persévérance*

monarchique! N'emportez pas la triste renommée
que Mirabeau a faite à Philippe-Egalité d'avoir
toujours voulu et de n'avoir jamais pu, la renommée des mulets têtus et impuissants; ayez au
moins le mérite de vouloir ce que vous ne pouvez
empêcher; faites, s'il le faut, de nécessité vertu.
Expliquez-vous noblement, sincèrement. Coupez
court à tous les soupçons par une déclaration
loyale, précise, formelle et par un mot bien net,
bien clair et bien franc. Plus d'ambiguïté, d'équi-
voques, de réticences, de restrictions mentales :
laissez cela aux Falloux, et Falloux aux orties !

La France peut admettre tout ce qui est grand,
même le crime, comme le 18 brumaire; mais, ce
qu'elle n'admet pas, c'est la duplicité. Elle ne
croit pas à ces sacrifices suspects où l'ambition et
l'orgueil personnels ont une part, à ces dévoue-
ments douteux où la victime semble avoir un
intérêt. Ne vous immolez donc pas pour nous;
nous nous passerons d'holocauste. Le temps des
messies mâles ou femelles, des Jésus ou des Jeanne
d'Arc n'est plus. La France n'a pas besoin d'être
si sauvée que vous le croyez. Elle n'est pas si
malade qu'on vous le dit : propos de médecin et
d'apothicaire, de tous les Josses du métier qui
tiennent à vendre leurs drogues! Il n'y a personne
de nécessaire, d'indispensable à notre vie. Il en
est des présidents comme des moines : faute d'un
président, la France ne meurt pas! Ne nous sauvez

donc pas malgré nous, de grâce ! La pensée n'en est pas modeste. La tentative seule en serait coupable ; ce n'est pas moi qui vous le dis, c'est la commission de l'Assemblée et le conseil d'état ; et vous en rendriez compte aux hommes et à Dieu ! Pour votre repos et votre honneur, pour la paix de votre conscience et de votre vie, mieux vaudrait couper votre bois comme Philopœmen, éplucher vos herbes comme Cincinnatus, être apprivoiseur d'aigles au Jardin-des-Plantes, instructeur à Saumur, car sauf flatterie, on vous dit bon cavalier ; mieux vaudrait, que sais-je ? retourner en prison ou dans les limbes de l'exil où je suis, que de déchirer le sein de la patrie, d'attenter à la République, de violer la Constitution, d'allumer la guerre civile, d'être factieux, traître et parjure.

Songez, et vous l'avez dit vous-même le 12 décembre 1850, que vous êtes de tous les Français le seul qui ne puisse toucher à la Constitution, car vous êtes le seul qui ayez juré de la respecter. Songez que la République vous a rendu la patrie, que le peuple vous y a donné le premier rang, que vous êtes revenu de l'étranger malgré les royalistes qui ont voté votre exil, et par la grâce du peuple, l'unique souverain qui ne soit ni ingrat, ni oublieux, qui n'oublie que le mal, qui se souvient du bien jusqu'à la deuxième génération, car il vous a élu. Songez que vous n'avez pu rentrer en France, mettre les pieds à l'Élysée, sans compter les vivants et les morts qui vous ont conquis ce droit sur la royauté ; car le peuple vous a donné ses voix après son sang. Combien avez-vous trouvé de citoyens en rentrant? Dix millions. Combien en laisserez-vous en sortant? Monsieur, vous allez me trouver plus naïf que jamais ; mais quand ce ne serait que par reconnaissance, rendez au peuple le vote universel et partez! Il vaut mieux descendre que tomber. Rappelez-vous les prophétiques paroles qu'Eschyle, bien qu'auteur dramatique, mettait dans la bouche de son Promethée. Promethée, c'est le premier prolétaire, le grand martyr du travail, le sublime artisan, ce divin ouvrier qui avait fait l'homme, qui n'était que l'homme lui-même, qui avait, disaient les dieux, dérobé le feu sacré, c'est-à-dire la pensée, la vie, le droit d'être ; Promethée, c'est le patron du peuple enchaîné à cette heure et dévoré comme lui par la misère, l'ignorance, l'usure et l'impôt, par tous les vautours de la réaction, pour avoir comme lui dérobé le droit le 24 février. Promethée cloué sur son roc, disait donc au successeur du vieil Uranus et du vieux Saturne, au jeune et triomphant Jupiter : « Tu crois maintenant, dieu nouveau, que le palais où tu trônes est exempt de vicissitudes. J'en ai déjà vu tomber deux vieux souverains ; j'en verrai bientôt sortir le troisième. »

Eschyle fut condamné, en son temps, pour ces paroles ; mais Jupiter est tombé.

Jeune Jupiter, qui vous préserverait de la chûte ?
— Sur qui, sur quoi compteriez vous à cette heure ?

Sur les articles de journaux, les discours de préfets, les voyages officiels ? Oh ! non, pas si prince ! tous ceux qui vous ont précédé ont passé par là. En fait de voyages royaux, vous savez qu'il n'y en a qu'un de véridique, celui de Varennes.

Compteriez-vous sur le peuple encore; et quand même... sur les six millions de voix du 10 décembre ? Voyez la pétition de prorogation ! Douze mille signatures ! Ces millions réduits au mille ! Demandez au maire de Châtellerault, comment *en un plomb vil l'or pur s'est-il changé !* Je suis sûr qu'au 10 décembre vous aviez la majorité à Châtellerault, comme partout. Aujourd'hui, vous l'auriez partout comme à Châtellerault. Voyez les conseils généraux eux-mêmes, qui ne sont pas le peuple : six seulement, sur quatre-vingt-six, qui veulent proroger !

Compteriez-vous sur l'attachement des partis ? Hélas ! vous savez maintenant où ils vont ; ils ne s'en cachent plus, ils n'ont plus peur. Croyez-vous encore qu'ils soient venus à vous par sympathie de personne et communion de principes ; qu'ils aient déposé à vos pieds espérances et regrets, amours et haines, passé et avenir ; qu'ils ne vous aient pas pris pour pis-aller ; qu'ils vous proclament jamais nécessaires, vous et les vôtres ; à perpétuité ; qu'ils vous prient de garder le pouvoir à

vie et d'épouser quelque fille d'Autriche pour le re-
passer à vos descendants ; qu'enfin les d'Orléans
se contentent de Claremont, et le Bourbon dé Wies-
baden, pendant que vous trônerez à Paris ? Ils ne
fusionnent pas même entre eux. Si vous étiez assez
crédule pour l'espérer, même après les discours
révisionnistes, où l'on vous a traité de pouvoir
bâtard, je vous prierais de lire la réponse que fit
le comte de Provence, l'exilé de Mittau, aux avances
du premier consul, votre oncle, dans des circons-
tances presque semblables, en 1802 :

« Je ne confonds pas M. Bonaparte avec ceux
« qui l'ont précédé. J'estime sa valeur, ses talents
« militaires. Je lui sais gré de quelques actes
« d'administration, car le bien que l'on fera à
« *mon peuple* me sera toujours cher ; mais il se
« trompe s'il croit m'engager à renoncer à mes
« droits. Loin de là, il les établirait, s'ils pou-
« vaient être litigieux, par la démarche qu'il fait
« en ce moment. J'ignore les desseins de Dieu
« *sur moi* et sur *mon peuple ;* mais je connais les
« obligations qu'il m'a imposées. Chrétien, j'en
« remplirai les devoirs jusqu'à mon dernier sou-
« pir ; fils de saint Louis, je saurai, comme lui
« me respecter jusque dans les fers ; successeur de
« François I", je veux toujours pouvoir dire,
« comme lui : Tout est perdu fors l'honneur.

« Signé Louis. »

Louis tout court, comme à cette heure Henri,

c'est-à-dire le roi Louis. Ils sont incorrigibles. Je ne vous ferai pas remarquer toutes les beautés de cette lettre. Il est dans la nature et le devoir des rois de France, même des savants comme celui-là, de ne pas savoir parler français, d'abuser du pronom possessif, de mettre leur première personne avant les autres, *moi* et *mon* peuple ; heureux encore quand ils ne disent pas nous, car c'est encore leur habitude de parler au pluriel, tout singuliers qu'ils sont. Mais ce que je vous prie d'observer particulièrement, c'est la hauteur de ton qu'un Louis XVIII y prend avec Napoléon ; c'est qu'on ne parle à votre oncle qu'à la troisième personne, c'est qu'enfin cet homme qu'on estime en 1802, est en 1815 un ogre de Corse qu'on étouffe dans une île.

Je sais que vous pourriez compter sur la lâcheté des partis. Je conviens que les hommes de cœur et de principes ayant le courage de leur opinion, la logique de leur idée et la franchise de leur foi, sont rares partout et surtout dans le parti de l'égoïsme. Je reconnais que les légitimistes du possible sont les plus nombreux ; que les transactions, les concessions leur vont mieux que le mot de François I", et qu'ils aiment mieux dire comme Henri IV : « Paris vaut bien une messe ! » Je vous accorde que, vous ayant nommé une fois en dépit de leurs principes, ils pourraient vous renommer encore par intérêt, et faire attendre deux ou trois ans de plus Henri qui est éternel. Oui, si cela était utile. Mais autre temps, autre vote. Ils n'ont plus besoin de vous. Ils étaient avec vous quand vous étiez avec le peuple. Vous voilà seul, adieu! Tenez-vous-le pour dit : c'est le dernier mot de la réaction : elle est franche quand elle ne craint plus : ils veulent bien réviser, mais non proroger.

Compteriez-vous alors sur votre bonheur et sur votre habileté pour jouer un double jeu, brouiller les cartes que vous tenez, tourner enfin de l'empereur au lieu du roi, et gagner la partie. Oh! pour cela, ils sont plus tricheurs et plus heureux que vous, ils en sont déjà la plupart à leur troisième tourne et à plusieurs voles! Et puis la France n'est pas un enjeu. On ne la gagne pas d'un coup de cartes, bonnes ou fausses. Son gouvernement est un droit et une science, et non un hasard ou une ruse. Voyez comme a fini le plus habile, le plus heureux joueur de la royauté, l'élève, l'ami de Talleyrand, le parangon du tapis, le prestidigitateur en chef, le maître des maîtres, celui qui faisait le mieux sauter la coupe et tourner l'atout, le grand roi Louis-Philippe! il a fini comme cet innocent Charles X. Ce jeu-là dure quinze ans ou quinze jours, mais pour ne réussir jamais. En politique, il n'y a qu'une habileté : la probité! qu'un bonheur : la probité! Du moins, si l'on perd, ce n'est pas l'honneur.

Compteriez-vous, enfin, sur l'étranger? Oh! non, je ne ferai pas cette injure au nom de Bonaparte. Vous n'êtes pas un Bourbon. J'ai fini.

Vous devez comprendre, maintenant, pourquoi vous avez été élu, pourquoi vous ne le serez plus.

Un dernier mot pour compléter le sens et la portée de votre élection.

Le nom de Bonaparte avait une grande dette à payer à la révolution. Il devait une revanche, une satisfaction à la République. Il devait servir à la fonder, comme il avait servi à la détruire. Il vous a été donné d'ajouter sur ce nom la gloire de Washington à celle de Bonaparte, la vertu au génie. Il vous a été donné d'établir une République plus durable et plus prospère qu'un empire; d'aimer et de servir vos frères au lieu de les mépriser et de les asservir : de faire des hommes libres plutôt que des esclaves. Vous le deviez, vous le pouviez. Ce n'est pas sans raison que six millions de voix vous avaient appelé! Six millions de voix! Quel honneur! mais aussi quel devoir et quelle force! une force proportionnée à la tâche! Vous auriez pu faire ce que vous auriez voulu avec l'aide du peuple! Vous avez pu même lui enlever son droit! Oui, si vous aviez bien compris votre élection, avec un peu de logique et de volonté, à défaut de génie, il n'appartient pas à tous, vous auriez pu faire des miracles plus grands que ceux de votre oncle. Vous pouviez combattre, abattre, comme lui, papes et rois, et deux autres tyrannies plus difficiles, plus glorieuses à vaincre, l'ignorance et la misère. Vous pouviez ainsi servir la France et délivrer le monde; oui, Monsieur, si vous vous fussiez mis à la tête de la révolution chez nous et chez les autres, si vous eussiez par deux ou trois bonnes lois réduit l'impôt et constitué le crédit, si vous eussiez pris en main la cause des peuples, si vous eussiez soutenu le droit contre le privilège et la force, si vous eussiez réclamé la liberté de l'Italie, de la Hongrie et de la Pologne, de toutes nos sœurs opprimées, la France vous aurait encore suivi au bout du monde contre les rois oppresseurs, non sans doute pour distribuer leurs trônes, mais pour affranchir leurs peuples, et alors aucune sorte de gloire n'eût manqué à votre nom, et peut-être alors la France éblouie...... J'ai eu peur un moment, je l'avoue: je sais mon pays si enthousiaste et si reconnaissant; mais j'ai été bien vite rassuré. Vous avez dissipé l'empire et fondu la colonne; vous avez dépensé en deux ans le plus gros capital, le plus grand patrimoine de gloire qu'homme riche ait jamais laissé à ses héritiers. Il n'était ni moral, ni utile apparemment que ce nom cumulât toute la gloire humaine. Il entrait même, il faut le croire, dans la justice et la logique de Dieu, de donner une leçon de plus, par ce nom, à la France. Ce nom de

Bonaparte suspendu sur la tête de la République comme l'épée de Damoclès, ce nom que le peuple eût toujours évoqué, il fallait qu'il perdît son prestige; il fallait aussi qu'il expiât le crime de brumaire; il fallait qu'il fît réparation à la République, qu'il fournît à la France et au monde une seconde preuve contre l'hérédité, qu'il prouvât par le neveu ce qu'il avait déjà signifié par l'oncle, que le mérite est personnel; qu'il usât la dernière dynastie, la dynastie de la gloire comme les autres. Il fallait enfin, ô Providence! ceux qui croient au hasard te blasphèment! il fallait que, par une dernière et décisive épreuve, il servît à détruire jusqu'à la présidence, ce reste de royauté. L'épreuve a réussi. Si l'on révise la Constitution tôt ou tard, il n'y aura plus de président. Citoyen Louis-Napoléon Bonaparte, merci! vous avez bien mérité de la République.

FÉLIX PYAT.

Paris. — Imprimerie Veuve CARRÉ, impasse de la Grosse-Tête, 5,

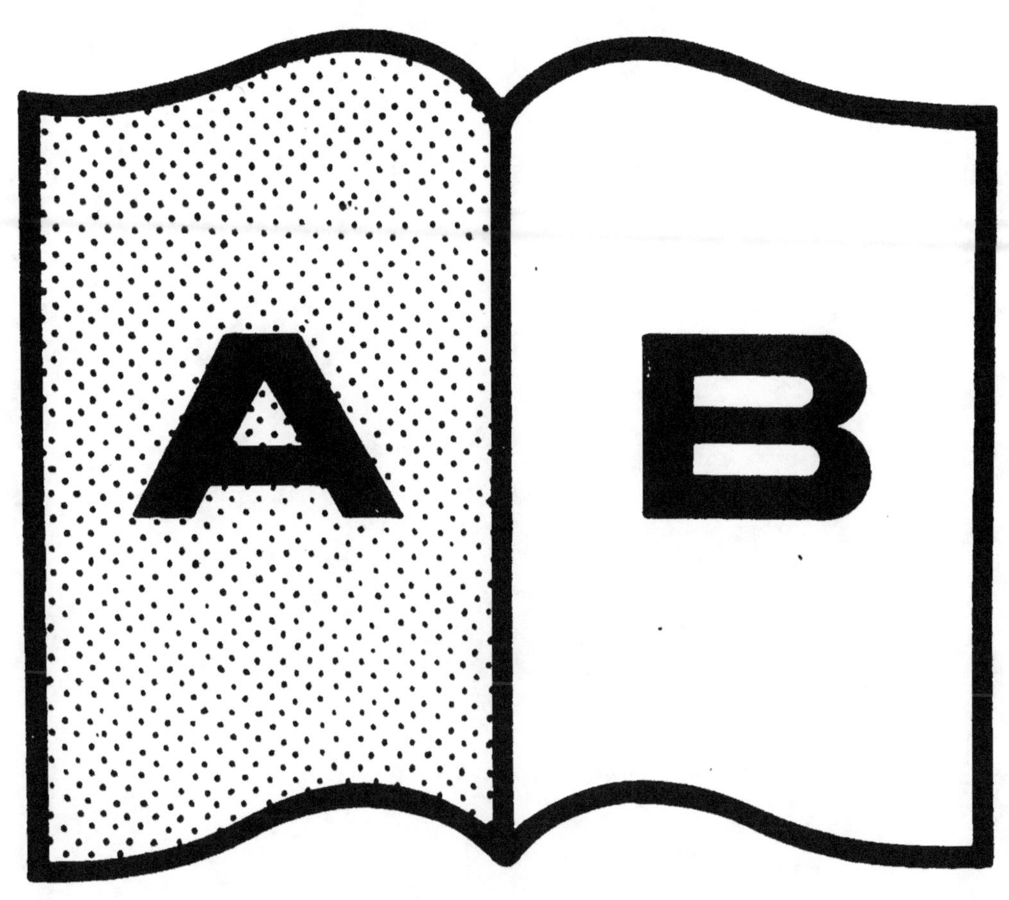

Contraste insuffisant

NF Z 43-120-14

9 782013 484794